农村普法系列连环画
NONGCUN PUFA XILIE LIANHUANHUA

王三打工

龙 雷 著　　龙玮钰 绘

黄河出版传媒集团
阳 光 出 版 社

图书在版编目（CIP）数据

王三打工 / 龙雷编；龙玮钰绘. -- 银川：阳光出版社, 2017.10
（农村普法系列连环画）
ISBN 978-7-5525-3882-3

Ⅰ. ①王… Ⅱ. ①龙… ②龙… Ⅲ. ①法律 – 中国 – 通俗读物 Ⅳ. ①D920.5

中国版本图书馆CIP数据核字(2017)第252565号

农村普法系列连环画　王三打工　　龙雷 编　龙玮钰 绘

策　　划　那大庆　龙　雷
责任编辑　贾　莉
封面设计　晨　皓
责任印制　岳建宁

黄河出版传媒集团 阳光出版社 出版发行

出 版 人　王杨宝
地　　址　宁夏银川市北京东路139号出版大厦（750001）
网　　址　http：//www.ygchbs.com
网上书店　http：//shop129132959.taobao.com
电子信箱　yangguangchubanshe@163.com
邮购电话　0951-5014139
经　　销　全国新华书店
印刷装订　宁夏凤鸣彩印广告有限公司
印刷委托书号　（宁）0006638

开　　本　880mm × 1230mm 1/32
印　　张　1
字　　数　20千字
版　　次　2018年1月第1版
印　　次　2018年1月第1次印刷
书　　号　ISBN 978-7-5525-3882-3
定　　价　10.00元

柳毛子树村是远近闻名的酒村，男女都爱喝酒，一日三餐离不开酒，若遇上婚丧嫁娶的宴席，全村一半的男人都喝醉。

2

昨天郭五子嫁丫头，全队有名的酒鬼王占贵喝得拉不下场，到今天还是头晕脑胀。天还没亮，王占贵的胃就翻腾地睡不着了，他让媳妇把昨天晚上剩下的半碗米饭打个鸡蛋炒上，拌了个酸菜解解酒。

东边天空泛白的时候，太阳就快升起来了。王占贵头盔也没戴，把 125 排量摩托车推出大门，轰的一声骑上出门了。

原来，他在县城打工干活的安置房建筑工地八点钟上级部门要来检查，老板让他早点来把那点“尾巴”活干掉，他怕误事，慌忙地来到了工地。

王占贵排行老三，队上的人习惯地叫他王三。王三今年三十八了，三年前跟着干建筑工程的姐夫在城里学瓦工，如今也是“二把刀”了。王三是个见酒走不动的人，上初中的时候就偷偷地和同学喝，到二十几岁时，三天不喝就觉得差点啥。队上谁家娶儿嫁女过大事，都请他去陪酒，一个人能陪七八桌客人，但每次都不醉不回，喝了酒还要骑上摩托耍耍酒疯。

老爹老妈经常安顿：“你天天进城打工，骑上车早出晚归，别喝酒了！”媳妇更是担心：“交通法规有规定呢，骑车不能喝酒，你要出了事，老人娃娃都咋办呢？”王三不但不听，还反骂他媳妇：“你这个乌鸦嘴、扫帚星，怎么不说点好听的？”

王三每次喝完酒都是老样子，喝多喝少骑车就走，谁劝说都不听。

这天下午五点钟，上头来检查工程的都走了。老板说，我们的工程干得好，领导都夸奖了，今天提前下班。

王三跟几个工友说：“走，天黑还早呢，喝两口去！”三瓶白酒下肚，王三就有点晕乎了。

工友劝道："三哥，喝多了，别回了，到工棚里休息吧！"王三一拍胸脯："咳！我王三没办驾驶证，不戴头盔，城里乡里骑摩托跑了几年，啥事都没有。这点酒算啥！"他不听劝说，头一扭，腿一抬，摩托车猛地一下蹿出十几米。"慢点，慢点……"工友话音刚落，王三就不见了。

这时快晚上九点了，夏日的太阳刚落山，晚风习习。酒性大发的王三头昏眼花，刚过了西沟桥要转弯，红灯亮了，王三毫不在意，直冲而过，恰巧对面一辆装了满满一车红砖的拖拉机左转而来，只听“咣当”“咣当”几声，拖拉机侧翻，砖头压住了王三，王三的摩托前车轮也滚到了路边。

路过的汽车司机立即停车出手相助，一边救人一边拨打 120，不一会儿救护车来了。

急救中心通知了王三媳妇，下了病危通知单，在重症监护室抢救了三天。

王三的命是保住了，捡了条命，但遗憾的是一条腿没有了。

一个月后，王三出院了。俗话说，伤筋动骨一百天，王三在家休息了三个月，这次把他喝酒骑车的坏毛病彻底根除了。

待了几个月，可把王三憋坏了。这天他骑着电动车到工地看望工友。

吃饭间，工友们又请王三喝了几杯。吃完饭，工友们故意逗王三，要他骑电动车回家，王三说：“喝酒不开车，开车不喝酒。”

社会上多少人，自毁前程，自残性命，自毁家庭，全因一个“酒”字，奉劝这些“酒英雄”们，接受惨痛教训。珍爱生命，拒绝酒驾；遵守交规，平安出行。

关于酒驾的法律法规

一、中华人民共和国道路交通安全法（节选）

第九十一条　饮酒后驾驶机动车的，处暂扣六个月机动车驾驶证，并处一千元以上二千元以下罚款。因饮酒后驾驶机动车被处罚，再次饮酒后驾驶机动车的，处十日以下拘留，并处一千元以上二千元以下罚款，吊销机动车驾驶证。

醉酒驾驶机动车的，由公安机关交通管理部门约束至酒醒，吊销机动车驾驶证，依法追究刑事责任；五年内不得重新取得机动车驾驶证。

饮酒后驾驶营运机动车的，处十五日拘留，并处五千元罚款，吊销机动车驾驶证，五年内不得重新取得机动车驾驶证。

醉酒驾驶营运机动车的，由公安机关交通管理部门约束至酒醒，吊销机动车驾驶证，依法追究刑事责任；十年内不得重新取得机动车驾驶证，重新取得机动车驾驶证后，不得驾驶营运机动车。

饮酒后或者醉酒驾驶机动车发生重大交通事故，构成犯罪的，依法追究刑事责任，并由公安机关交通管理部门吊销机动车驾驶证，终生不得重新取得机动车驾驶证。

二、中华人民共和国刑法修正案（九）（节选）

（2015 年 8 月 29 日第十二届全国人民代表大会常务委员会第十六次会议通过）

八、将刑法第一百三十三条之一修改为："在道路上驾驶机动车，有下列情形之一的，处拘役，并处罚金：

"（一）追逐竞驶，情节恶劣的。

"（二）醉酒驾驶机动车的。

"（三）从事校车业务或者旅客运输，严重超过额定乘员载客，或者严重超过规定时速行驶的。

"（四）违反危险化学品安全管理规定运输危险化学品，危及公共安全的。

“机动车所有人、管理人对前款第三项、第四项行为负有直接责任的，依照前款的规定处罚。

“有前两款行为，同时构成其他犯罪的，依照处罚较重的规定定罪处罚。”

三、酒驾醉驾法律规定（节选）

（一）饮酒驾驶

饮酒驾驶机动车辆，罚款 1000 元—2000 元、记 12 分并暂扣驾照 6 个月；饮酒驾驶营运机动车，罚款 5000 元，记 12 分，处以 15 日以下拘留，并且 5 年内不得重新获得驾照。

（二）醉酒驾驶

醉酒驾驶机动车辆，吊销驾照，5 年内不得重新获取驾照，经过判决后处以拘役，并处罚金；醉酒驾驶营运机动车辆，吊销驾照，10 年内不得重新获取驾照，终生不得驾驶营运车辆，经过判决后处以拘役，并处罚金。